25 RECETAS DE TUS PELIS favoritas

MARÍA MAÑERU

LIBSA

C/ Puerto de Navacerrada, 88
28935 Móstoles (Madrid)
Tel.: (34) 91 657 25 80
e-mail: libsa@libsa.es
www.libsa.es

Ilustración: Archivo LIBSA, Shutterstock images
Textos y edición: María Mañeru
Maquetación: Javier García Pastor
Diseño de cubierta: Lucía Fernández Díez

ISBN: 978-84-662-4467-1

DL: M 5902-2025

Créditos fotográficos:
Pág. 27, título: Staance / Shutterstock.com
Pág. 32: Anton_Ivanov / Shutterstock.com
Pág. 34, fondo y 35: MariaLev / Shutterstock.com

Contenido

¡Bienvenido!

Piensa en las muchas veces que te has sentado en una sala de cine y has visto a tus personajes favoritos comer platos deliciosos mientras tú solo podías saborear las clásicas palomitas... Bien, pues esto se acabó.

Aquí tienes **25 recetas** recién sacadas de los mundos mágicos de la gran pantalla que puedes hacer en tu propia cocina. ¿Quieres probar los aperitivos que se servían en Hogwarts en las ocasiones especiales? ¿Tal vez tienes curiosidad por las especialidades culinarias de las princesas Disney o por el menú del día de tus superhéroes favoritos? ¿Quieres sentirte como Charlie en la fábrica de chocolate, como Edmund en Narnia o como Frank en Hotel Transylvania? ¿Te apetece probar el postre de los Minions, el desayuno de Winni the Pooh, la bebida de Luke Skywalker o la comida de los elfos de Lórien? ¡Este es tu libro!

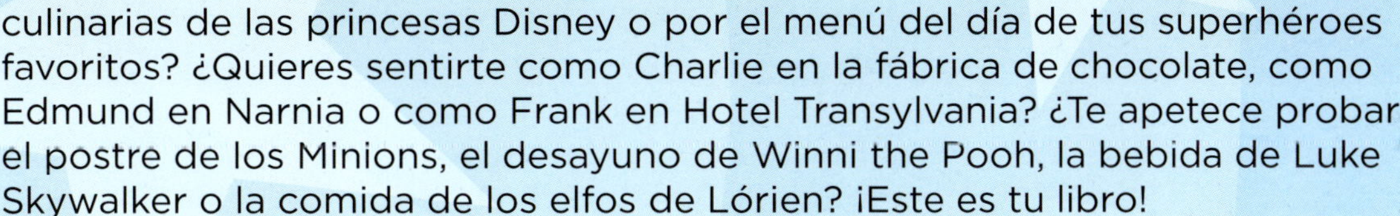

Vamos a mostrarte las recetas **paso a paso,** presentando en primer lugar la lista de ingredientes que necesitarás, porque, aunque vivamos de la fantasía, en la cocina hay que ser muy práctico. Una vez que tengas todo listo, ponte el delantal y sigue las instrucciones siempre supervisado por un adulto. Vas a tener que pelar, cortar, cocer, freír y, sobre todo, cuidar al máximo la presentación inspirándote en la fotografía que acompaña a la receta para crear un mundo de película en tu mesa.

Tienes **todo tipo de platos:** aperitivos, desayunos, comidas, meriendas, cenas y postres, desde platos principales como el arroz de Mulán, el cuscús de Aladino o la pizza de Toy Story, hasta dulces como el pastel de Pesadilla antes de Navidad, los cupcakes del País de las Maravillas, o los buñuelos de Tiana. Por supuesto, ten cuidado con los efectos de la gelatina verde de Hulk o las cookies-araña de Spiderman, no te encariñes demasiado con la galleta de jengibre de Shrek, ya que te la vas a comer, y no salgas sin paraguas, porque amenaza una Lluvia de albóndigas. Puedes acompañar tu comida con una bebida extraordinaria... que quizá no sea de este planeta.

¿A que se te ha abierto el apetito? Pues no esperes más, dale la vuelta a esta página y empieza a cocinar... ¡de película!

Aperitivos de escoba de HARRY POTTER

Imagina que eres el cocinero del colegio Hogwarts de magia y hechicería y te han encargado el menú del gran banquete de nuevos alumnos... ¿Se te ocurre un aperitivo mejor que estas Nimbus 2000? Es cierto que no sirven para jugar al Quidditch, pero están riquísimas y son muy fáciles de hacer.

INGREDIENTES

(PARA 9 ESCOBAS)

- 1 RAMILLETE DE CEBOLLINO
- 4 LONCHAS DE QUESO TIPO SÁNDWICH
- 9 PALITOS DE PAN SALADO

ELABORACIÓN

1. Lava el cebollino y selecciona 9 tallos más o menos iguales.
2. Con una tijera, divide cada loncha de queso en tres partes iguales. Con mucho cuidado, corta cada parte de queso haciendo «flecos» en uno de los laterales.
3. Selecciona 9 palitos de pan salado que tengan el mismo tamaño.
4. Enrolla cada tira de queso con flecos en el extremo de los palitos.
5. Anuda el tallo de cebollino alrededor para que no se suelte el queso y... ¡cómete las escobas mágicas antes de que vuelen!

Arroz tres delicias de MULÁN

Sabemos que este es el plato que Mulán eligió en el campamento militar antes de llevar a cabo sus famosas hazañas, porque el arroz da mucha fuerza y energía tanto a los soldados como a los niños. Además, era la receta favorita del dragón Mushu, de manera que también será la tuya.

INGREDIENTES

(PARA 4 PERSONAS)

- 1 ZANAHORIA
- 80 G DE JUDÍAS VERDES REDONDAS
- 4 CUCHARADAS DE MAÍZ DE LATA
- 2 HUEVOS
- ACEITE
- 400 G DE ARROZ DE GRANO LARGO
- 20 ML DE SALSA DE SOJA

ELABORACIÓN

1. Pelamos y troceamos pequeña la zanahoria. Lavamos y troceamos las judías verdes. Abrimos la lata de maíz.
2. Ponemos a cocer la zanahoria y las judías verdes hasta que estén tiernas, las colamos y las reservamos junto al maíz.
3. Hacemos una tortilla francesa con los dos huevos (batir y cuajar con unas gotas de aceite en una sartén). La partimos en trocitos pequeños y reservamos.
4. Cocemos el arroz durante 10 minutos, lo colamos y lo reservamos.
5. En una sartén con un poco de aceite, ponemos el arroz, la salsa de soja y el resto de los ingredientes y lo salteamos todo junto unos minutos. Sírvelo en cuencos de porcelana con palillos y... ¡come como una princesa!

Banana split de LOS MINIONS

Hemos descifrado el minionés o idioma banana para hacerte llegar esta receta tan especial que Kevin, Stuart y Bob le hacen al supervillano Gru cuando quieren que les perdone alguna de sus muchas trastadas. Puedes usar el mismo truco con papá y mamá, te aseguramos que después de comérselo solo podrán decirte: tankiu!

INGREDIENTES

(PARA UN BANANA SPLIT)

- 1 plátano maduro
- 3 bolas de helado de tus sabores favoritos
- 3 o 4 pistachos
- 3 guindas en almíbar
- Sirope de caramelo

ELABORACIÓN

1. La gracia de este postre es su presentación, así que primero necesitarás buscar un recipiente alargado.
2. Pela el plátano y córtalo por la mitad, a lo largo. Puedes colocar una mitad a cada lado como un «bocadillo» o una mitad sobre la otra.
3. Coloca en medio o a un lado del plátano tres bolas de helado. Nosotros hemos elegido los sabores favoritos de Kevin (chocolate), Stuart (nata) y Bob (fresa).
4. Pela y pica los pistachos y espolvorea el helado con ellos.
5. Adorna con las guindas y con hilos de sirope de caramelo. ¿Te gusta? ¡Genial! ¡Es para tú!

Mardi Gras

Buñuelos de TIANA

Los buñuelos que la excelente cocinera y camarera Tiana preparaba para su amiga Charlotte (que, según ella, tenían el poder de ser «atrapahombres») son un dulce típico de Nueva Orleans, donde los llaman *beignets* y se comen sobre todo durante la celebración del Mardi Gras, el último día del carnaval.

INGREDIENTES

(PARA UNOS 15 BUÑUELOS)

- 240 ML DE LECHE TEMPLADA
- 400 G DE HARINA
- 3 CUCHARADAS DE AZÚCAR
- 5 G DE LEVADURA SECA DE PANADERÍA
- 1 HUEVO GRANDE
- 1 CUCHARADITA DE SAL
- 45 G DE MANTEQUILLA DERRETIDA
- ACEITE DE GIRASOL
- AZÚCAR GLAS

ELABORACIÓN

1. En un tazón, pon la leche templada (a unos 37 grados), 100 g de harina, una cucharada de azúcar y la levadura y deja reposar la mezcla 5 minutos. Bate un huevo y añádelo a la mezcla.
2. En un bol grande, mezcla el resto de la harina y del azúcar, más la sal y añade el contenido del tazón.
3. Amasa la mezcla. Añade la mantequilla y amasa de nuevo unos 10 minutos. Haz cuadraditos o bolitas con la masa.
4. Deja reposar las bolitas en un cuenco cubierto con film dos horas. Tienen que doblar su tamaño.
5. Calienta aceite en una sartén y, con la ayuda de un adulto, fríe los buñuelos hasta que se doren (uno o dos minutos). Déjalos escurrir y espolvorea con azúcar glas. ¡Están tan buenos que te los pedirán hasta los sapos!

Cakepops de BATMAN

Es un secreto a voces que el caballero oscuro es un amante del chocolate... ¡negro! ¿Y quién no? Estos cakepops de murciélagos le inspiran para luchar contra el mal y a ti pueden servirte para hacer una fiesta temática de tu superhéroe favorito... ¡O para el truco o trato de Halloween!

INGREDIENTES

(PARA 3 CAKEPOPS)

- 100 G DE CHOCOLATE NEGRO
- 1 RACIÓN DE BIZCOCHO
- 40 G DE QUESO CREMA
- 6 ANISES BLANCOS

NECESITARÁS

- 3 PALILLOS PARA CAKEPOPS
- PAPEL VEGETAL

ELABORACIÓN

1. Derrite la mitad del chocolate y colócalo en una manga pastelera. Sobre papel vegetal, «dibuja» 6 alas de murciélago de chocolate y deja que se solidifiquen en el congelador.
2. En un plato, desmiga el bizcocho con un tenedor.
3. Añade el queso crema hasta obtener una pasta que te permita hacer tres bolitas. No olvides modelar las orejitas triangulares. Deja los cakepops dos horas en la nevera.
4. Derrite el resto del chocolate negro y unta un poco la punta del palillo para después clavarla en cada cakepop. Ahora, cubre de chocolate el cakepop entero y déjalo sobre papel vegetal.
5. Antes de que se enfríe la cobertura de chocolate, saca las alas del congelador y pégalas a los lados de cada cakepop. Por último, pega los anises y añade una gotita de chocolate para hacer los ojos. Deja enfriar en la nevera hasta que queden solidificados. ¡Flap, flap, flap!

ZAP!

WOW!

Chocolate caliente de WILLY WONKA

Si Willy Wonka tenía la mejor fábrica de chocolate del mundo, tú no puedes ser menos. No es necesario conseguir el billete dorado, ni subir en el ascensor de cristal a visitar la factoría por la que corre un río de chocolate, porque... ¡hemos conseguido la receta secreta de Wonka para ti.

INGREDIENTES

(PARA 4 O 5 TAZAS)

- 300 G DE CHOCOLATE NEGRO A LA TAZA EN TABLETA
- 4 TAZAS DE LECHE ENTERA
- 40 G DE AZÚCAR
- 8 MALVAVISCOS BLANCOS PEQUEÑOS

ELABORACIÓN

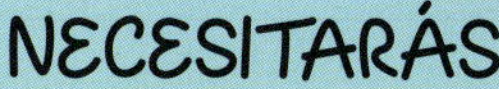

NECESITARÁS

LÁPICES PASTELEROS

1. Trocea el chocolate en partes pequeñas.
2. Pon la leche en un cazo y caliéntala, añade el azúcar y remueve.
3. Añade a la leche caliente y azucarada el chocolate. Con una cuchara de madera, no dejes de remover con cuidado hasta que se funda todo el chocolate y empiece a hervir.
4. Retira del fuego con ayuda de un adulto. Si lo quieres más espeso, puedes volver a ponerlo a hervir una vez más.
5. Sírvelo en las tazas y adórnalo con los malvaviscos. Nosotros hemos pintado con lápices pasteleros el rostro de unos muñecos de nieve... ¡Prueba a dibujar unos Oompa Loompas!

Cookies-araña de SPIDERMAN

Enfrentarse a un supervillano con el estómago vacío no es un buen plan, así que toma nota de la receta favorita de tu vecino y amigo Spiderman. Pero cuidado: morder una de estas cookies-araña tiene fuertes efectos energéticos y ya sabes, un gran poder, conlleva una gran responsabilidad... ¡No comas más de tres seguidas!

INGREDIENTES

(PARA UNAS 15 COOKIES)

- 400 G DE HARINA (MÁS HARINA PARA LA MESA)
- 1 SOBRE DE LEVADURA
- ½ CUCHARADITA DE SAL
- 110 G DE AZÚCAR
- 150 G DE MANTEQUILLA DERRETIDA (MÁS MANTEQUILLA PARA LA BANDEJA)
- 2 HUEVOS
- 50 G DE CHOCOLATE NEGRO

ELABORACIÓN

1. En un bol, echa todos los ingredientes menos el chocolate y mézclalos a mano hasta obtener una masa compacta.
2. Estira la masa con un rodillo sobre una superficie plana enharinada. Empieza a cortar círculos de masa usando un vaso del revés.
3. Engrasa la bandeja del horno con un poco de mantequilla, coloca las cookies encima y hornea a 200 °C durante unos 15 minutos. Sácalas y deja que se enfríen.
4. Derrite el chocolate y colócalo en una manga pastelera fina. Dibuja una telaraña de chocolate sobre cada cookie. También puedes hacerlo con lápices pasteleros si te resulta más fácil. Solo falta comérselas... ¡sin enredarse con la telaraña!

NECESITARÁS
Rodillo
1 vaso
Manga pastelera

NECESITARÁS

MANGA PASTELERA DE BOQUILLA MUY FINA

Crepes-pez de LA SIRENITA

Por mucho que le cantasen «bajo el mar, vives contenta siendo sirena eres feliz», Ariel salió a la superficie a conocer el mundo de los humanos y allí fue donde aprendió a hacer crepes, aunque les dio un toque «marino». Ahora, hasta el rey Tritón los pide para merendar.

INGREDIENTES

(PARA 4 PERSONAS)

- 50 G DE MANTEQUILLA Y ALGO MÁS PARA ENGRASAR LA SARTÉN
- 250 ML DE LECHE
- 2 HUEVOS
- 125 G DE HARINA
- 5 G DE AZÚCAR
- UNA PIZCA DE SAL
- 8 RODAJAS DE PLÁTANO
- 8 ARÁNDANOS
- 1 MANZANA
- ½ KIWI
- MUESLI
- LECHE CONDENSADA

ELABORACIÓN

1. Funde la mantequilla en el microondas y colócala en el vaso de la batidora. Añade primero los ingredientes líquidos (leche y huevos) y después los secos (harina, azúcar y sal). Bate hasta obtener una crema.
2. Engrasa una sartén del tamaño que quieras tu crepe. Echa un cazo de la mezcla y extiende bien (los crepes deben ser finos). Deja que se cocine hasta que empiece a cuajar y dale la vuelta para hacerlo por el otro lado. Repite hasta terminar la mezcla.
3. Dobla cada crepe por la mitad y luego otra vez por la mitad hasta obtener un triángulo. Coloca dos triángulos enfrentados en un plato bonito.
4. Decora colocando a cada pez una rodaja de plátano y un arándano como ojos y trozos de manzana como aletas y cola. Para el suelo, recorta un alga de kiwi y pon un poco de muesli.
5. Pon un poco de leche condensada en una manga pastelera de boquilla muy fina y haz las sonrisas de los peces y las burbujas... No se parecen mucho a Flounder, pero también son muy amigos de Ariel.

Cupcakes de NO-CUMPLEAÑOS

Hoy, persiguiendo a un conejo blanco que tenía mucha prisa, hemos llegado al País de las Maravillas, donde un sombrerero un poco loco y una liebre de marzo estaban tomando el té. Nos han dado esta deliciosa receta que es también la preferida de la reina de corazones.

INGREDIENTES

(PARA 7 U 8 CUPCAKES)

- 100 G DE CHOCOLATE NEGRO
- ½ VASO DE LECHE
- 25 ML DE ACEITE
- 1 HUEVO
- 125 G DE HARINA
- ½ CUCHARADITA DE LEVADURA EN POLVO
- 50 G DE AZÚCAR
- UNA PIZCA DE SAL
- NATA MONTADA

ELABORACIÓN

1. Derrite el chocolate al baño María y resérvalo.
2. En un bol, mezcla los ingredientes húmedos (leche, aceite y huevo batido) y remueve. Añade los secos (harina, levadura, azúcar y sal) y mezcla bien. Agrega por último el chocolate fundido y vuelve a mezclar.
3. Reparte la masa en moldes para magdalenas, llenándolos solo hasta la mitad.
4. Hornea a 180 °C durante unos 25 minutos. Para saber si están en su punto, pincha con un palillo y si sale limpio, están hechos. Deja que se enfríen.
5. Decora los cupcakes con un copete de nata montada. Puedes añadir fideos de chocolate o de colores si quieres. Nosotros hemos hecho unas banderitas imitando las cartas de la baraja, así seguro que nos libramos de... ¡que nos corten la cabezaaaa!

Cuscús de ALADINO

El mismísimo Aladino nos ha traído esta receta en su alfombra voladora y es realmente un plato de príncipes con el que te chuparás los dedos. ¡No necesitas frotar la lámpara maravillosa para hacer magia en la mesa!

INGREDIENTES

(PARA 2 PERSONAS)

- 200 G DE PECHUGA DE POLLO
- SAL Y PIMIENTA
- ½ LIMÓN
- ½ CEBOLLA
- 1 ZANAHORIA
- 1 PIMIENTO ROJO
- 1 TOMATE
- ACEITE
- UN PUÑADITO DE UVAS PASAS
- ½ VASO DE CUSCÚS
- ½ VASO DE AGUA
- ½ CUCHARADITA DE MANTEQUILLA

ELABORACIÓN

1. Corta el pollo en trozos pequeños, ponle un poco de sal y pimienta y déjalo en un plato con el zumo de limón mientras preparas las verduras.
2. Pela y pica la cebolla y la zanahoria. Lava y, con ayuda de un adulto, parte en trozos el pimiento y el tomate. En una sartén con un poco de aceite, sofríe todas las verduras a fuego lento unos 10 minutos. Saca las verduras de la sartén y resérvalas en un plato.
3. En la sartén donde hiciste las verduras, sofríe el pollo, que se dore un poco. Añade las uvas pasas y revuelve. A continuación, añade también las verduras y vuelve a remover.
4. Pon el cuscús en un recipiente y añade el agua hirviendo. Espera como 5 minutos a que absorba todo el líquido, añade la mantequilla y remueve. Mézclalo con el pollo y las verduras.
5. Nosotros hemos servido el cuscús en un recipiente árabe llamado tajine y lo hemos adornado con palitos de canela y estrellas de anís. ¿No pedirías este cuscús como deseo al genio de la lámpara?

Delicias turcas de NARNIA

Quizá no sea una buena idea meterse en un armario. Lucy lo hizo y conoció gente interesante, pero Edmund... bueno, era demasiado goloso como para renunciar a las delicias turcas que le había prometido la bruja blanca. Menos mal que el resto de los hermanos Pevensie fueron a rescatarlo. Y, de paso, se trajeron esta increíble receta.

INGREDIENTES

(PARA UNA BANDEJA DE DELICIAS TURCAS)

- ½ KG DE AZÚCAR
- ZUMO DE ½ LIMÓN
- AGUA
- 100 G DE MAICENA
- 2 CUCHARADAS DE GELATINA EN POLVO SIN SABOR
- 4 CUCHARADAS DE AGUA DE ROSAS
- COLORANTE ALIMENTARIO
- ACEITE
- AZÚCAR GLAS

ELABORACIÓN

1 Pon en un cazo el azúcar y el limón y añade agua más o menos hasta cubrirla. Cocina a fuego suave unos minutos hasta que se forme un almíbar y resérvalo.

2 Disuelve la maicena en medio litro de agua y pon a fuego medio revolviendo hasta que espese. Añade el almíbar poco a poco removiendo todo el rato. Cocina la mezcla removiendo así hasta que tenga un color dorado (serán unos 45 minutos).

3 Disuelve la gelatina en 6 cucharadas de agua con el agua de rosas y unas gotitas de colorante alimentario del color que más te guste y añádelo todo a la mezcla removiendo bien.

4 Unta con aceite el interior del recipiente que te sirva de molde, por ejemplo, una bandeja honda y cuadrada, y vierte la mezcla. Enfría 12 horas en el congelador.

5 Espolvorea con azúcar glas la mesa, desmolda la gelatina encima y espolvorea con más azúcar glas. Corta en cubitos y sirve... Ni el fauno Tumnus ni el rey Aslan se resisten a estas delicias ¡y tú tampoco!

Desayuno de WINNIE THE POOH

El encantador osito del bosque de los Cien Acres aprendió de Christopher Robin la receta del *porridge,* unas gachas de avena deliciosas que pueden acompañarse de frutas y miel. Ahora suele invitar a sus amigos Piglet, Tigger, Ígor, Conejo y Rito a desayunar todos los fines de semana.

INGREDIENTES

(PARA UN BOL)

- 3 cucharadas de copos de avena
- 1 taza de leche del tiempo
- Una pizca de sal
- ½ cucharadita de canela en polvo
- 3 rodajas de plátano
- 3 arándanos
- Miel

ELABORACIÓN

1. Pon en un cazo la avena con la leche, la sal y la canela.
2. Calienta la mezcla hasta que hierva y baja el fuego. Deja que cueza 10 minutos removiendo de vez en cuando.
3. Coloca la base del porridge en un bol.
4. Coloca las 3 rodajas de plátano sobre el porridge para formar las orejas y el hocico de Winnie. Añade los arándanos para tener los ojos y la nariz.
5. Puedes animar tus gachas con cualquier sirope, pero Winnie te recomendaría añadirle rica miel.

龙

Dumplings de KUNG FU PANDA

Po sigue siempre los consejos de sus maestros en el kung fu, pero en cuanto a habilidad culinaria es él quien tiene mucho que enseñar a los Cinco Furiosos. Para llegar a ser el Guerrero Dragón no todo es entrenamiento, él tiene una motivación extra cuando le espera un plato tan rico como este.

INGREDIENTES

(PARA 4 PERSONAS)

- 1 CEBOLLA
- 1 DIENTE DE AJO
- ACEITE
- 400 G DE CARNE DE CERDO PICADA
- 1 CUCHARADA DE SALSA DE SOJA
- 1 CUCHARADA DE MIEL
- 1 PAQUETE DE OBLEAS PARA DUMPLINGS O GYOZAS

ELABORACIÓN

1. Pela y pica muy finita la cebolla y el ajo y ponlos en una sartén con un poco de aceite a sofreír 2 o 3 minutos.
2. Añade la carne picada a la sartén y deja que se vaya cocinando otros 5 minutos. Echa la soja y la miel, mezcla bien y deja que se cocine todo junto.
3. Con una cucharilla, ve poniendo el relleno de carne en cada oblea de masa. Para cerrarlas, colócalas en la palma de la mano, y vete sellando el borde superior como si fuese un paquetito. Hay máquinas que lo hacen de manera automática.
4. Pon agua en un cazo y cuando hierva, echa los dumpligns y deja hervir unos 10 minutos.
5. También pueden cocinarse (y servirse) al vapor en una cesta especial para dim sum, de bambú y con tapa. ¡Es el manjar más preciado del Valle de la Paz!

Galletas de jengibre de SHREK

A Jengi, aliado y amigo de Shreck, lo horneó Jero, el pastelero de Muy Muy Lejano, y ahora tú tienes la oportunidad de darle un montón de hermanitos. Esta galleta tan típica de Navidad es deliciosa y si se rompe, siempre puedes ponerle un bastón de caramelo como muleta.

INGREDIENTES

(PARA UNAS 20 GALLETAS)

- 150 G DE MANTEQUILLA BLANDA (MÁS MANTEQUILLA PARA LA BANDEJA)
- 1 TAZA DE AZÚCAR MORENO
- ½ TAZA DE MIEL
- 2 CUCHARADITAS DE JENGIBRE EN POLVO
- 1 CUCHARADITA DE CANELA EN POLVO
- 4 TAZAS DE HARINA (MÁS HARINA PARA LA MESA)
- 1 CUCHARADA DE LEVADURA EN POLVO
- UNA PIZCA DE SAL
- 1 HUEVO
- ANISES DE COLORES

ELABORACIÓN

1. Calienta en un cazo la mantequilla, el azúcar y la miel mezclando bien. Añade el jengibre y la canela, remueve y deja enfriar 10 minutos.
2. En un bol, mezcla la harina, la levadura y la sal. Haz un hueco en medio y añade el huevo y el contenido del cazo. Mezcla todo a mano hasta tener una bola de pasta pegajosa. Envuélvela en film y déjala en la nevera hasta el día siguiente.
3. Saca la masa de la nevera y, en una mesa limpia y espolvoreada de harina haz una lámina de unos 5 mm de grosor con un rodillo.
4. Usa un molde para galletas con forma de hombrecito y ve colocándolas en una bandeja de horno engrasada con mantequilla. Hornea a 180 °C durante unos 10 o 12 minutos y deja enfriar.
5. Decora las galletas pegando anises de colores como botones y dibujando los detalles con lápices pasteleros. Cómetela, porque, en este caso... ¡Mejor dentro que fuera!

NECESITARÁS

- Rodillo
- Molde de hombrecito
- Lápices pasteleros

BAM

Gelatina verde de Hulk

Que sepamos, el musculoso y fortachón personaje de Marvel no sabe cocinar, pero, seguramente, si el increíble Hulk pudiese elegir un postre sería este, porque su intenso color verde hace juego con su piel. Es una de las recetas más sencillas de este libro, siempre queda bien y sus vitaminas te pondrán tan fuerte como tu superhéroe favorito.

INGREDIENTES

(PARA 2 GELATINAS)

- 3 KIWIS
- 2 HOJAS DE GELATINA SIN SABOR
- AGUA
- AZÚCAR
- HOJAS DE HIERBABUENA

ELABORACIÓN

1. Pela los kiwis. Trocéalos reservando una rodaja bonita. Bate o licua el resto de los kiwis, porque tienen que quedar lo más líquidos posible.
2. En un recipiente aparte, coloca las hojas de gelatina cubiertas con agua y calienta hasta que se ablanden, sin que llegue a hervir.
3. Añade el kiwi y azúcar a tu gusto y remueve hasta que veas una mezcla perfecta de color y textura.
4. En el molde que más te guste, coloca la rodaja de kiwi que reservaste y echa encima la gelatina. Deja que se enfríe unas horas en la nevera.
5. Desmolda y sirve. Puedes añadir hojas de hierbabuena para decorar. ¡Tus amigos se van a poner verdes de envidia!

Leche azul de Bantha de STAR WARS

La bebida preferida de Luke Skywalker provenía de ordeñar banthas de Tatooine. Pero no hace falta cruzarse toda la galaxia en el Halcón Milenario para saborearla. Aquí, en la Tierra, tenemos lo suficiente para hacer este batido azul que daría envidia al mismísimo Darth Vader.

INGREDIENTES

(PARA 2 BATIDOS)

- 2 TAZAS DE LECHE
- ½ TAZA DE HIELO PICADO
- UN CHORRITO DE COLORANTE ALIMENTARIO AZUL
- 1 TAZA DE MORAS
- 1 TAZA DE ARÁNDANOS
- 2 CUCHARADITAS DE AZÚCAR

NECESITARÁS

- VASOS TRANSPARENTES
- PALILLOS LARGOS
- PAJITAS

ELABORACIÓN

1 Pon todos los ingredientes en el vaso de la batidora, excepto 2 moras y 2 arándanos que debes reservar para decorar. Bate durante 1 o 2 minutos hasta que la mezcla sea completamente homogénea.

2 Reparte el batido de bantha en dos vasos de cristal transparente para que se pueda ver el contenido azul.

3 En un palillo largo, inserta un arándano y una mora en la parte superior. Colócalo como adorno en uno de los vasos y repite toda la operación con el segundo vaso.

4 Sirve los batidos acompañados de una pajita. Ahora, bébetelo todo y... ¡que la fuerza te acompañe!

Lembas de EL SEÑOR DE LOS ANILLOS

Cuando la Compañía del Anillo llega al hogar de la elfa Galadriel en Lórien recibe como regalo este pan mágico que alimentó a Sam y a Frodo durante el largo camino hasta Mordor. Disfrutarás de esta exquisitez seas un hobbit de la Comarca, un elfo de Rivendel, un enano de Moria o un pequeño humano.

INGREDIENTES

(PARA 2 LEMBAS)

- 1 tortilla mexicana
- Aceite
- 2 huevos
- Unas hojas de rúcula
- 2 lonchas de jamón york
- 2 lonchas de queso de sándwich
- Queso rallado

ELABORACIÓN

1. Parte la tortilla mexicana en cuartos. En una sartén, dora un poquito cada parte con una gotita de aceite.
2. Fríe los dos huevos en aceite abundante y resérvalos.
3. Monta cada lemba de este modo: una tapa de tortilla mexicana, unas hojas de rúcula, la loncha de jamón, la loncha de queso, el huevo frito y la otra tapa de tortilla mexicana.
4. Coloca los dos panes élficos en una bandeja de horno, espolvorea con queso rallado y gratina hasta que tome el color dorado de la foto. He aquí dos lembas para gobernarnos a todos. Son... ¡tu tesoro!

LLUVIA DE ALBÓNDIGAS

Qué alegría nos daría que Flint llegase a nuestra ciudad con su máquina maravillosa, ¿verdad? Una buena lluvia de albóndigas y hamburguesas sería el mejor invento del mundo... ¡O quizá no! No queremos una tormenta fuera de control, así que confórmate con este plato.

INGREDIENTES

(PARA 4 PERSONAS)

- ½ kg de carne picada de ternera
- Sal
- 1 diente de ajo
- 1 huevo
- 50 g de pan rallado
- Harina
- Aceite
- 200 g de espaguetis
- 1 bote de tomate frito pequeño
- Hojas de rúcula
- **Para decorar:** 1 loncha de queso, 1 zanahoria, 8 aceitunas negras, hojas de tomillo

ELABORACIÓN

1. Sala la carne picada y haz con ella un montoncito con un hueco en medio donde pondrás el ajo, el huevo y el pan rallado. Mézclalo todo con las manos bien limpias.
2. Divide la carne en 8 bolitas y pásalas por harina. En una sartén con aceite abundante, fríelas hasta que estén hechas por dentro y doradas por fuera. Escúrrelas y reserva.
3. Cuece los espaguetis durante 8-10 minutos, cuela y repártelos en cuatro platos hondos. Añade la salsa de tomate y remueve. Esparce unas hojas de rúcula para completar el nido.
4. Coloca 2 albóndigas en cada plato (los búhos). Pela la zanahoria y pártela en rodajas finas que darás forma de patitas y pico.
5. Corta círculos en la loncha de queso para hacer la base de los ojos. Parte las aceitunas negras por la mitad para hacer los ojos. Las pupilas pueden ser otro agujero pequeño en la aceituna o una gotita de mayonesa.
6. Añade ramas de tomillo como alas y plumas. ¡Estas albóndigas sí que van a volar en cuanto las pongas en la mesa!

Manzanas asadas de BLANCANIEVES

Podéis estar tranquilos porque estas manzanas no son peligrosas, ninguna bruja malvada las ha envenenado y no vais a caer dormidos nada más morderlas. Al contrario, son tan deliciosas que la princesa Blancanieves las hubiera elegido para su banquete de boda. Más que probarlas, deberías comértelas todas.

INGREDIENTES

(PARA 2 MANZANAS)

- 2 MANZANAS REINETAS
- 2 CUCHARADITAS DE MANTEQUILLA
- 1 CUCHARADITA DE AZÚCAR
- CANELA EN POLVO
- 2 CUCHARADAS DE AGUA
- 2 PALITOS DE CANELA
- HOJAS DE HIERBABUENA

ELABORACIÓN

1. Mientras se precalienta el horno a 200 °C saca el corazón de las manzanas (mejor con un descorazonador, pero si no tienes, con un cuchillo).
2. En el agujero que ha quedado en cada manzana, pon una cucharadita de mantequilla, media de azúcar y una puntita de canela en polvo.
3. Coloca las manzanas en una bandeja de horno. Añade a la bandeja el agua, baja el horno a 180 °C y hornea media hora.
4. Puedes decorar cada manzana con un palito de canela y hojas de hierbabuena. Ahora, ¡muerde sin miedo!

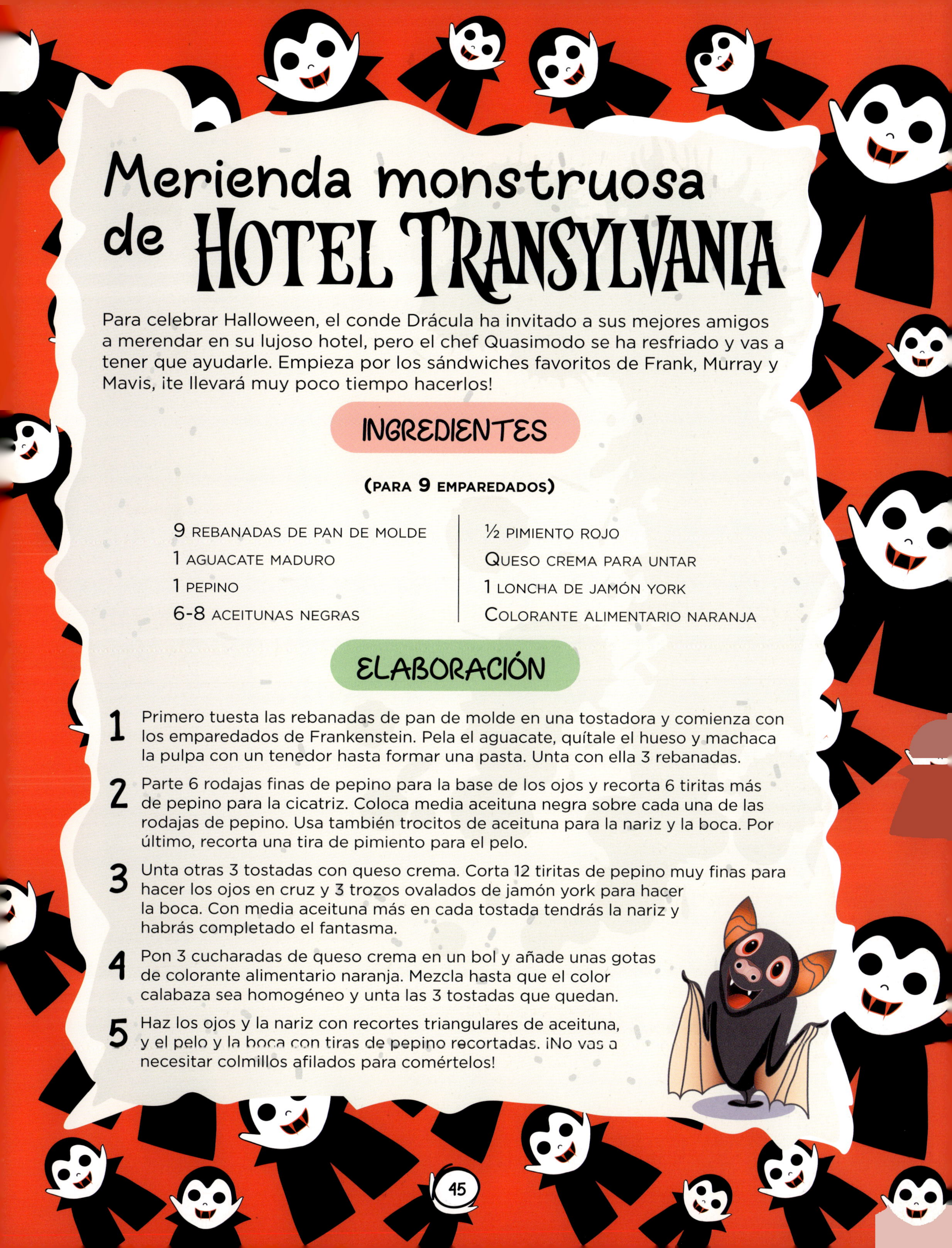

Merienda monstruosa de HOTEL TRANSYLVANIA

Para celebrar Halloween, el conde Drácula ha invitado a sus mejores amigos a merendar en su lujoso hotel, pero el chef Quasimodo se ha resfriado y vas a tener que ayudarle. Empieza por los sándwiches favoritos de Frank, Murray y Mavis, ¡te llevará muy poco tiempo hacerlos!

INGREDIENTES

(PARA 9 EMPAREDADOS)

- 9 REBANADAS DE PAN DE MOLDE
- 1 AGUACATE MADURO
- 1 PEPINO
- 6-8 ACEITUNAS NEGRAS
- ½ PIMIENTO ROJO
- QUESO CREMA PARA UNTAR
- 1 LONCHA DE JAMÓN YORK
- COLORANTE ALIMENTARIO NARANJA

ELABORACIÓN

1. Primero tuesta las rebanadas de pan de molde en una tostadora y comienza con los emparedados de Frankenstein. Pela el aguacate, quítale el hueso y machaca la pulpa con un tenedor hasta formar una pasta. Unta con ella 3 rebanadas.
2. Parte 6 rodajas finas de pepino para la base de los ojos y recorta 6 tiritas más de pepino para la cicatriz. Coloca media aceituna negra sobre cada una de las rodajas de pepino. Usa también trocitos de aceituna para la nariz y la boca. Por último, recorta una tira de pimiento para el pelo.
3. Unta otras 3 tostadas con queso crema. Corta 12 tiritas de pepino muy finas para hacer los ojos en cruz y 3 trozos ovalados de jamón york para hacer la boca. Con media aceituna más en cada tostada tendrás la nariz y habrás completado el fantasma.
4. Pon 3 cucharadas de queso crema en un bol y añade unas gotas de colorante alimentario naranja. Mezcla hasta que el color calabaza sea homogéneo y unta las 3 tostadas que quedan.
5. Haz los ojos y la nariz con recortes triangulares de aceituna, y el pelo y la boca con tiras de pepino recortadas. ¡No vas a necesitar colmillos afilados para comértelos!

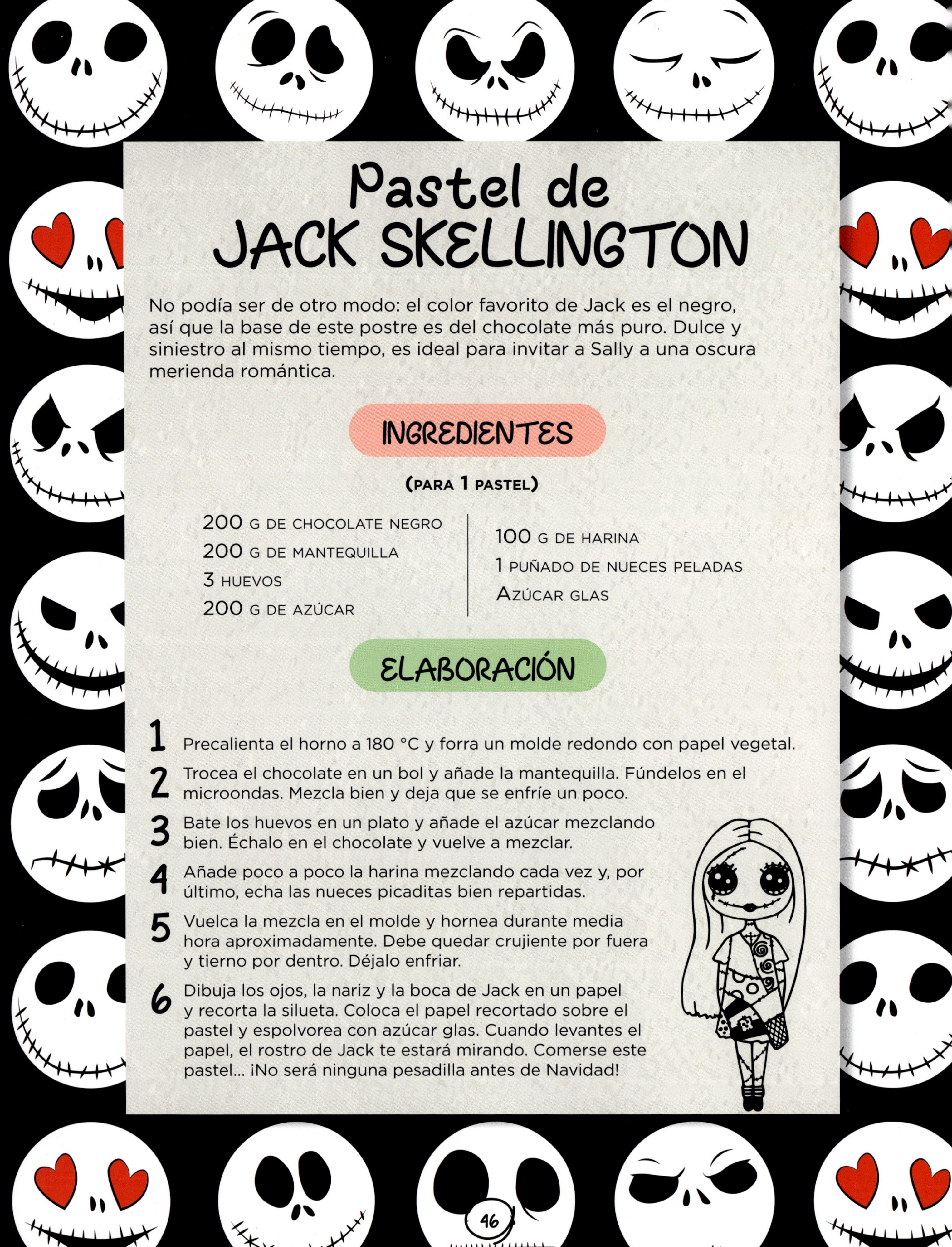

Pastel de JACK SKELLINGTON

No podía ser de otro modo: el color favorito de Jack es el negro, así que la base de este postre es del chocolate más puro. Dulce y siniestro al mismo tiempo, es ideal para invitar a Sally a una oscura merienda romántica.

INGREDIENTES

(PARA 1 PASTEL)

- 200 G DE CHOCOLATE NEGRO
- 200 G DE MANTEQUILLA
- 3 HUEVOS
- 200 G DE AZÚCAR
- 100 G DE HARINA
- 1 PUÑADO DE NUECES PELADAS
- AZÚCAR GLAS

ELABORACIÓN

1. Precalienta el horno a 180 °C y forra un molde redondo con papel vegetal.
2. Trocea el chocolate en un bol y añade la mantequilla. Fúndelos en el microondas. Mezcla bien y deja que se enfríe un poco.
3. Bate los huevos en un plato y añade el azúcar mezclando bien. Échalo en el chocolate y vuelve a mezclar.
4. Añade poco a poco la harina mezclando cada vez y, por último, echa las nueces picaditas bien repartidas.
5. Vuelca la mezcla en el molde y hornea durante media hora aproximadamente. Debe quedar crujiente por fuera y tierno por dentro. Déjalo enfriar.
6. Dibuja los ojos, la nariz y la boca de Jack en un papel y recorta la silueta. Coloca el papel recortado sobre el pastel y espolvorea con azúcar glas. Cuando levantes el papel, el rostro de Jack te estará mirando. Comerse este pastel... ¡No será ninguna pesadilla antes de Navidad!

NECESITARÁS
Papel
Tijeras

PIZZA PLANET

Pizza planet de TOY STORY

Cuando Woody y Buzz llegaron al restaurante Pizza Planet buscando a Andy no pudieron disfrutar de su deliciosa especialidad, pero tú sí que puedes gracias a la receta que nos han dado en secreto los marcianos del gancho, es la mejor pizza del todo el infinito y más allá.

INGREDIENTES

(PARA 1 PIZZA)

- 1 BASE DE PIZZA
- 6 CUCHARADAS DE TOMATE FRITO
- 5 LONCHAS DE QUESO MOZARELLA
- 8-10 RODAJAS DE SALCHICHA
- 1 TOMATE
- 3 CHAMPIÑONES
- ½ PECHUGA DE POLLO A LA PLANCHA
- QUESO MOZARELLA RALLADO
- HOJAS DE ALBAHACA

ELABORACIÓN

1. Precalienta el horno a 200 °C. Extiende la masa de pizza en una superficie limpia y «pinta» toda la base con el tomate frito. Coloca bien repartidas las lonchas de queso.
2. Reparte de manera homogénea por toda la pizza las rodajas de salchicha, el tomate en rodajas finas, los champiñones en láminas y el pollo en tiras.
3. Espolvorea con el queso rallado y coloca la pizza en la rejilla en la parte más baja del horno. Hornea durante 10-12 minutos.
4. Antes de servir, adorna con hojas de albahaca. Sin duda, cocinar esta pizza para tus amigos es la mejor manera de decir... ¡hay un amigo en mí!

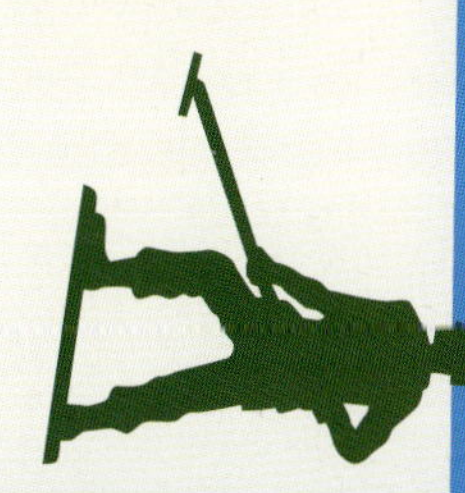

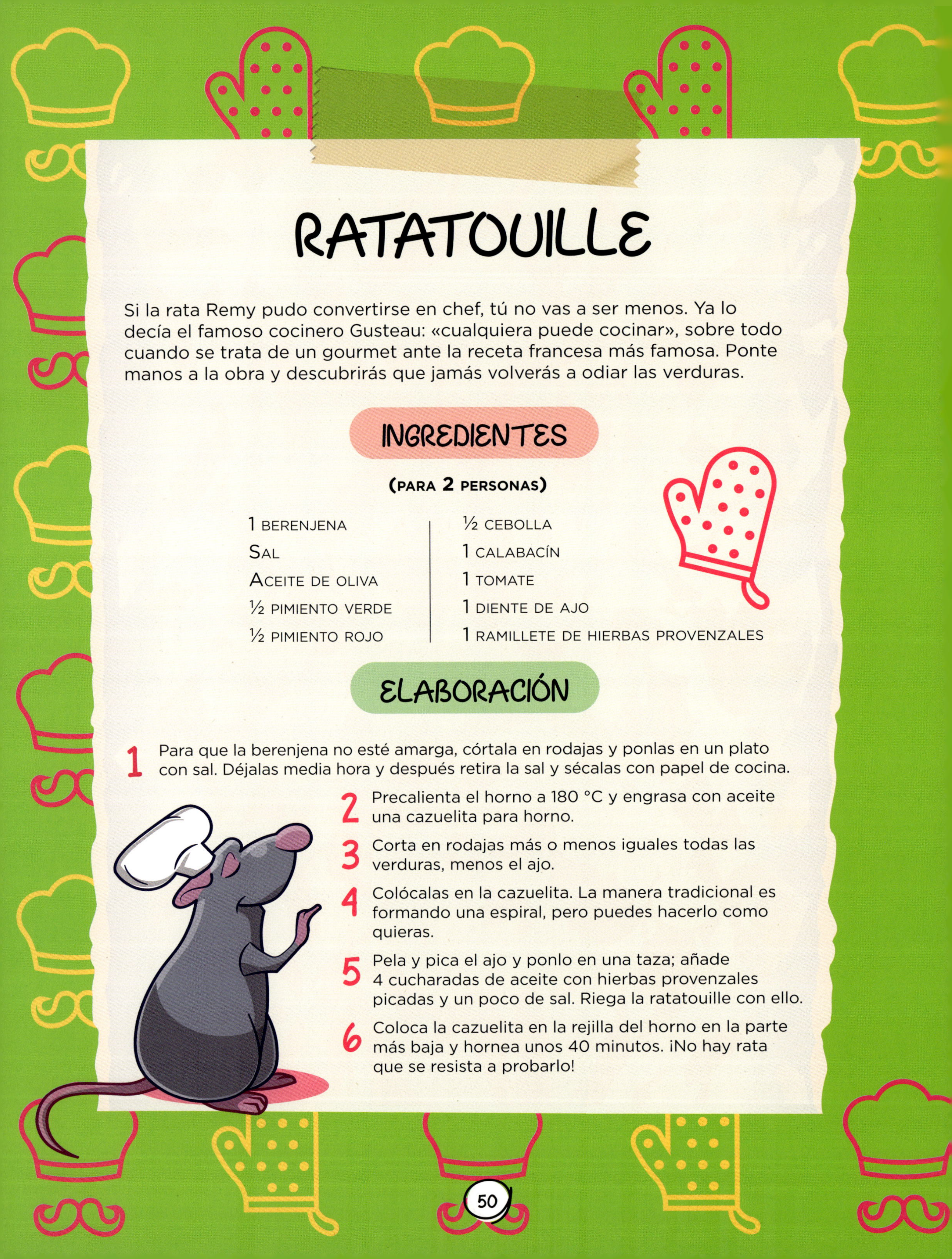

RATATOUILLE

Si la rata Remy pudo convertirse en chef, tú no vas a ser menos. Ya lo decía el famoso cocinero Gusteau: «cualquiera puede cocinar», sobre todo cuando se trata de un gourmet ante la receta francesa más famosa. Ponte manos a la obra y descubrirás que jamás volverás a odiar las verduras.

INGREDIENTES

(PARA 2 PERSONAS)

- 1 BERENJENA
- SAL
- ACEITE DE OLIVA
- ½ PIMIENTO VERDE
- ½ PIMIENTO ROJO
- ½ CEBOLLA
- 1 CALABACÍN
- 1 TOMATE
- 1 DIENTE DE AJO
- 1 RAMILLETE DE HIERBAS PROVENZALES

ELABORACIÓN

1. Para que la berenjena no esté amarga, córtala en rodajas y ponlas en un plato con sal. Déjalas media hora y después retira la sal y sécalas con papel de cocina.
2. Precalienta el horno a 180 °C y engrasa con aceite una cazuelita para horno.
3. Corta en rodajas más o menos iguales todas las verduras, menos el ajo.
4. Colócalas en la cazuelita. La manera tradicional es formando una espiral, pero puedes hacerlo como quieras.
5. Pela y pica el ajo y ponlo en una taza; añade 4 cucharadas de aceite con hierbas provenzales picadas y un poco de sal. Riega la ratatouille con ello.
6. Coloca la cazuelita en la rejilla del horno en la parte más baja y hornea unos 40 minutos. ¡No hay rata que se resista a probarlo!

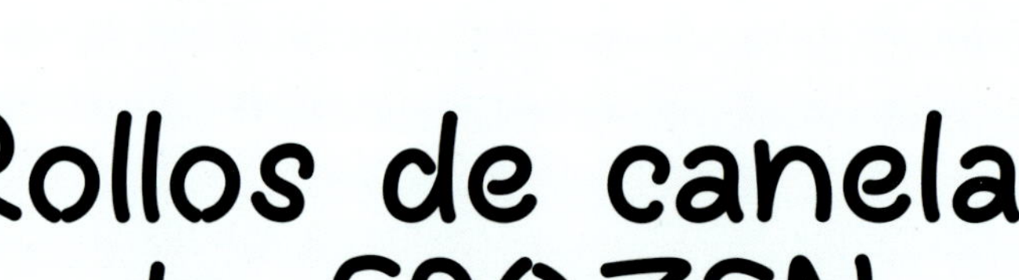

Rollos de canela de FROZEN

Los cinnamon Rolls (o rollos de canela) son una receta clásica de Estados Unidos, pero en el reino de Arendelle también les encantan. Cuando la princesa Anna quiere estos famosos bollos, le pide a la reina Elsa: «Hazme un muñeco de nieve...», y este es el resultado. ¿Probamos?

INGREDIENTES

(PARA 2 MUÑECOS DE NIEVE)

- 300 g de harina (más harina para la mesa)
- 40 g de azúcar blanco y 50 g de moreno
- ½ sobrecito de levadura en polvo
- 150 ml de leche
- 1 huevo
- 2 cucharadas colmes de mantequilla blanda
- 1 cucharada de canela
- 150 g de queso crema
- 30 g de azúcar glas
- **Para decorar:** grageas de caramelo, zanahoria, malvaviscos, galletitas saladas...

ELABORACIÓN

1. Pon en un bol la harina, el azúcar blanco, la levadura, la leche, el huevo y una cucharada de mantequilla y mezcla todo hasta obtener una masa. Tapa con un paño y deja reposar dos horas.
2. Mezcla el resto de la mantequilla con el azúcar moreno y la canela para hacer el relleno.
3. Mezcla el queso crema con el azúcar glas para hacer el frosting.
4. Estira la masa con un rodillo sobre una mesa enharinada y unta toda la lámina con el relleno. Enrolla esa masa con relleno y corta seis trozos. En un recipiente de horno, ponlos en fila de tres en tres (cabeza y cuerpo del muñeco). Hornea a 200 °C durante media hora y enfría.
5. Reparte el frosting sobre cada muñeco de nieve. Puedes decorar con grageas de caramelo para los botones y la boca, un trocito de zanahoria como nariz, un suelo de malvaviscos, unos bracitos de galleta salada y, para los ojos, un poco más de frosting y una gota de chocolate. ¿Te atreves a comerte a Olaf?

Tarta arcoíris de EL MAGO DE 

Esta tarta gusta a niños y niñas, a los magos, a las brujas, a los espantapájaros, a los leones cobardes, a los hombres de hojalata, a los munchkins y, por supuesto, a ti. Para hacerla, solo tienes que seguir el camino de baldosas amarillas, golpear tres veces los talones y decir: «no hay lugar como el hogar».

INGREDIENTES

(PARA 1 TARTA)

- 1 YOGUR DE LIMÓN
- 1 MEDIDA DE YOGUR DE ACEITE VEGETAL SUAVE
- 2 MEDIDAS DE YOGUR DE AZÚCAR
- 3 MEDIDAS DE YOGUR DE HARINA
- 1 SOBRE DE LEVADURA EN POLVO
- 3 HUEVOS
- ½ CUCHARADITA DE COLORANTE ALIMENTARIO (MORADO, AZUL, VERDE, AMARILLO, NARANJA Y ROJO)
- NATA MONTADA
- ANISES DE COLORES

ELABORACIÓN

1. Pon en el vaso de la batidora el yogur de limón. Vas a usar ese envase vacío como medida para el resto de los ingredientes: 1 medida de aceite, 2 de azúcar y 3 de harina.
2. Añade la levadura y los huevos y bate hasta obtener una masa bastante líquida.
3. Reparte la masa en 6 partes más o menos iguales. Añade un colorante alimentario distinto a cada parte y revuelve para que quede un color uniforme. Ahora tienes una masa morada, otra azul, otra verde, otra amarilla, otra naranja y otra roja.
4. Forra con papel vegetal los moldes. Vierte en cada uno la masa de un color y hornéalos a 200 °C durante media hora. Deja enfriar.
5. Desmolda los bizcochos y colócalos uno encima de otro poniendo un poco de nata montada extendida entre ellos para que se peguen y no se caigan. Pon nata montada encima y decora con una lluvia de anises multicolor. Ahora ya puedes cantar como Dorothy «Over de rainbow».

NECESITARÁS
6 moldes de horno redondos y pequeños
Papel vegetal

Índice de ingredientes